PIERRE DEVOLUY

La Nationalité de Nice

Copyright © 2022 Pierre Devoluy (domaine public)

Édition : BoD – Books on Demand, 12/14 rond-point des Champs-Élysées, 75008 Paris.

Impression : BoD - Books on Demand, Norderstedt, Allemagne.

ISBN : 9782322393190

Dépôt légal : février 2022

Tous droits réservés

Ce livre a été produit et maquetté par Reedsy.com

AVANT-PROPOS

à l'édition de 1939

L'étude qu'on va lire, et dont on appréciera, avec la parfaite tenue littéraire, la forte documentation, met au point de façon définitive la question de la nationalité de Nice.

Elle a été publiée par la « Revue Universelle », dans son numéro du 15 Février 1927.

Avec l'autorisation des héritiers de l'auteur, le regretté Colonel Gros Long (Pierre Devoluy), la Ville de Nice en a assuré cette réédition.

Mars 1939.

LA NATIONALITÉ DE NICE

La nationalité de Nice a bien des fois été mise en question ; trop souvent nous viennent d'outre-monts je ne sais quelles rumeurs « irrédentistes », visant des parcelles de notre héritage, entre autres une terre authentiquement provençale, c'est-à-dire française, le Comté de Nice.

Ces rumeurs ont toujours profondément ému ceux qui, comme nous, voient dans les Italiens des frères ; aussi, en tout esprit de concorde latine, nous interrogerons le dossier de Nice, et demanderons franchement aux Italiens de bonne foi sur quoi ils pourraient se fonder pour revendiquer les pays niçards.

À cette question, le grand patriote italien Cavour répondra d'abord. On sait que, le 26 mai 1860, quand il s'agit, au parlement de Turin, de ratifier le retour de Nice à la patrie gauloise, quelques députés s'y opposèrent. Cavour alors prit la parole :

J'arrive, dit-il, à la question de Nice. M. Ratazzi a dit que Nice était incontestablement italienne, et, pour le démontrer, laissant de côté les arguments ethnographiques et géographiques, il n'a donné qu'une raison, celle-ci : Nice est italienne parce qu'autrefois libre d'elle-même, elle s'est donnée à l'Italie.

Je regrette que l'honorable député Ratazzi ait usé, qu'il me permette de le lui dire, d'un aussi pauvre argument. Je ne veux pas examiner le vote donné par Nice en 1388 en faveur de la maison de Savoie... Mais en admettant que les Niçois aient donné, en 1388, un vote libre, dégagé de toute pression, que firent-ils alors ?

Manifestèrent-ils l'intention d'être Italiens ou tout au moins d'être réunis sous le sceptre d'un roi italien ?

Non, il faut bien le dire, la maison de Savoie n'était pas encore devenue italienne ; sa puissance et sa capitale étaient en Savoie : la donation fut faite à Amédée VII, dit le Comte Rouge, qui tenait sa cour à Chambéry, et il est évident que l'intention des Niçois fut alors de se réunir à un prince savoyard, à un prince de langue française, à un prince qui habitait du même côté des Alpes qu'eux-mêmes.

L'argument mis en avant par M. Ratazzi se tourne donc justement contre lui-même. Examinons maintenant, non pas la situation de Nice en 1388, mais sa situation actuelle. Cette province est naturellement française. Une locution populaire vous le démontre ; ce pays s'appelle la France rustique.

Une province italienne aurait-elle jamais supporté d'être ainsi appelée pendant des siècles ? Il faudrait pour cela que le sentiment italien n'y eût pas de bien grandes racines.

D'autre part, les intérêts matériels du Comté poussent nécessairement ses habitants vers la France. Pour constater la nationalité d'un peuple, je ne pense pas qu'il faille recourir à des arguments philosophiques ou à des recherches scientifiques ; ce sont des faits qui tombent sous le sens, et appartiennent à l'appréciation de tous les individus.

Or, nous avons deux Nice : l'une en Piémont que l'on désigne sous le nom de Nice de Montferrat ; une autre sur le littoral que nous tous, dans notre jeunesse, nous avions l'habitude d'appeler Nice de Provence. J'ai habité Nice, et je puis vous avouer que j'y ai reçu une infinité de lettres portant l'adresse : Nizza di Provenza. Croyez-vous que si Nice était réellement italienne, cette locution aurait été employée et serait devenue populaire ? Non, assurément.

Mais quelle est la preuve la plus forte de la nationalité d'un peuple ? C'est le langage. Or l'idiome parlé à Nice n'a qu'une analogie très éloignée avec l'italien ; c'est le même qu'on emploie à Marseille, à Toulon, à Grasse. Celui qui a voyagé en Ligurie trouve que la langue italienne se conserve dans ses modifications et ses dialectes jusqu'à Vintimille. Au-delà, c'est comme un changement de scène, c'est un tout autre langage.

Je ne conteste pas qu'à Nice, les personnes aisées n'aient l'habitude d'apprendre l'italien et ne puissent faire usage de cette langue ; mais, dans les conversations familières, les Niçois ne se servent pas de l'italien ;
ils parlent le provençal ou le français.

Non, Nice n'est pas italienne ; je le dis avec une entière conviction.

Telle est la vérité, affirmée par un des fondateurs de l'Italie moderne. Les Italiens l'ont connue, de sa bouche entre toutes autorisée : comment se fait-il que certains d'entre eux l'aient oubliée ?

C'est qu'après la mort de Cavour, ses successeurs laissaient imprimer, dans les manuels scolaires du nouveau royaume, que Nice était *terre* italienne, colonie *française,* que : *Il Varo e le Alpi dividono la Francia dall'Italia* (le Var et les Alpes séparent la France de l'Italie). C'est que, depuis lors, la propagation de ces erreurs n'a jamais été arrêtée et qu'elle s'est même accentuée depuis la Grande Guerre.

Maurras a cité, dans un article paru en 1927, une phrase de ce catéchisme de l'avant-garde fasciste où il est dit que « nous (Italiens), devrions avoir encore de la France l'île de Corse et le pays niçois, de l'Angleterre Malte et les îles adjacentes, de la Suisse le canton du Tessin et une partie des Grisons ; de la Yougoslavie, la Dalmatie ; enfin la principauté de Monaco et la république de Saint-Marin ».

De même, on a beaucoup parlé de la déclaration des congressistes de Naples qui, le 24 octobre 1924, au moment de marcher sur Rome, se seraient proposé « d'organiser leurs efforts vers la *libération* (sic) de Nice et de la Corse ».

Je ne demande qu'à croire un de mes bons amis italiens quand il m'affirme que cette déclaration n'a jamais été faite. Je n'en ai pas moins sous les yeux une carte éditée à Milan, en 1920, qui indique pour frontière *naturelle,* « confine fisico » de l'Italie, la barrière des monts au nord du Tessin, et l'invraisemblable limite (artificielle entre toutes) qui englobe l'ancien comté de Nice, coupant au hasard les chaînons montagneux et les rivières pour aboutir au bas Var. À la vérité, cette carte nous laisse la Savoie…

Il n'est donc pas contestable qu'en Italie, les prétentions irrédentistes, même les plus injustifiées, comme celle qui vise Nice, s'expriment librement et ne paraissent choquer personne. Nous voulons croire que c'est parce que la vérité y est mal connue, et devons mettre nos efforts, si modestes qu'ils soient, au service de cette vérité.

Nous allons donc rappeler pourquoi la France est chez elle dans ce comté de Nice dont elle a fait un pays de merveilles, dans cette terre de langue d'oc qui est son légitime héritage, au même titre que Marseille, Avignon, Toulouse, et dont les habitants se sont librement et d'un seul cœur donnés à elle, par 25.743 oui contre 160 non et 30 bulletins blancs !..

Comme témoignage de l'affection d'un peuple, il n'est peut-être rien de plus émouvant dans l'histoire que ce vote des 15 et 16 avril 1860, exprimé librement, sous la surveillance des autorités sardes.

Et quand on y songe, on ne peut éviter le regret que la volonté magnifique de tout ce peuple n'ait pas été scrupuleusement et entièrement respectée : on sait, en effet, qu'au moment de tracer la frontière les populations de certaines hautes vallées et de tout le canton de Tende, avec la Brigue (qui avaient voté à l'unanimité pour la France), se sont vues, malgré leurs protestations éplorées, arrachées à leur pays naturel, le comté de Nice, pour être annexées contre leur gré au nouveau royaume d'Italie.

Ce vote de 1860 ayant réglé une fois pour toutes la question de Nice, au point de vue du droit des peuples à disposer d'eux-mêmes, si on y revient, c'est qu'on veut sans doute contester la légitimité historique, ethnique ou linguistique de l'héritage, en un mot la nationalité de Nice. Il n'est donc pas inutile de rappeler, après Cavour, sur quoi elle est fondée.

***

Et d'abord, quelles sont nos frontières ? Où se dressent les justes bornes de notre enclos ?

Les plus anciens documents authentiques nous montrent qu'au xie siècle, la limite entre la Provence et l'Italie est toujours celle de l'époque romaine : elle suit la crête des monts jusqu'au Clapier pour se diriger ensuite vers la mer et y aboutir un peu à l'est de la Turbie, près du Trophée d'Auguste.

Telle est, au moyen âge, la frontière des États du comté de Provence, dont le comté de Nice fait partie intégrante : le traité de 1125 l'indique nettement comme une limite immémoriale et incontestée.

Au-delà de cette ligne, se constitue un petit État, le comté de Vintimille, qui, placé entre deux voisins plus puissants que lui, le comte de Provence et la commune de Gênes, sera plus ou moins « grignoté » par l'un et par l'autre.

Dès le principe, notons que cette limite politique ne fut jamais exactement la frontière ethnique et linguistique de la Provence : le domaine de la langue et des us provençaux s'étend bien au-delà, couvrant grosso modo la Bevera et la Roya, une partie des vallées alpines du Piémont et toutes les vallées vaudoises, qui, entièrement provençales, nous furent enlevées par le traité d'Utrecht en 1713.

Ces vallées vaudoises faisaient partie du Briançonnais historique qui s'était mis jadis sous la suzeraineté du dauphin de Viennois, de même que les petites cités de la région de

Coni sollicitaient le protectorat du comte de Provence, lequel portait, de ce chef, parmi ses titres celui de prince de Piémont.

En sorte que, si la langue et les coutumes pouvaient justifier aujourd'hui une prétention « irrédentiste » sur cette frontière, c'est nous qui serions fondés à réclamer des terres provençales *irredente* :

Voit-on que nous en inscrivions la revendication dans nos manuels scolaires ?

***

Je ne veux pas rappeler l'histoire de Nice mais en marquer seulement le caractère essentiellement municipal, avec les conséquences qu'il entraîne.

On sait que, dès le haut moyen âge, les villes et, parfois, les moindres bourgades de l'ancienne Provence nous apparaissent organisées en *consulats, universités, prudhomies* et qui semblent d'abord à peu près, libres de toute sujétion extérieure. Puis, quand, de petits États régionaux, comme le comté de Provence et le comté de Vintimille, se constituent et se fortifient, ces républiques municipales n'acceptent qu'en rechignant la suzeraineté des comtes, si peu assujétissante qu'elle soit, le plus souvent.

C'est ainsi que Nice, dès le XIIe siècle, se montre une des républiques provençales les plus attachées à ses fors et franchises. Comme Marseille, Aix, Arles, elle contestera la souveraineté des comtes, refusera l'hommage aux Raimond-Bérenger, qui devront venir le lui imposer à main armée, aura maille à partir avec les comtes angevins ; mais, de toute façon et en toutes circonstances, même réduite à l'hommage, elle s'efforcera à faire confirmer ses libertés municipales, et y réussira presque toujours. Pour elle, tout est là. Et quand elle guerroie contre le comte de Provence, il ne lui vient certainement pas à l'idée, ni à personne en ce temps-là, qu'elle trahisse la Provence ou veuille se dépouiller de sa nationalité provençale.

Venons maintenant a cet acte « de dédition » de 1388 sur lequel M. Ratazzi s'appuya pour dire que Nice s'était « autrefois donnée à l'Italie », et dont Cavour a vu la portée exacte.

Au XIVe siècle, la Provence est déchirée par les guerres cruelles qu'alluma la compétition entre Charles de Duras Louis Ier d'Anjou, lesquels se prétendent, l'un et l'autre, héritiers légitimes de la reine Jeanne de Naples, comtesse de Provence.

Nice et la plupart des autres cités provençales tiennent pour Duras et forment l'*Union d'Aix*. Pour elles, l'Angevin (de la famille, du terrible *Nasuto*, de Dante — ce Charles Ier d'Anjou, abhorré en Provence), pour elles, dis-je, l'Angevin est l'étranger, l'oppresseur, l'ennemi des libertés provençales, et des coutumes. C'est au nom de la Provence qu'on le combat.

Louis Ier d'Anjou étant mort, sa veuve Marie de Blois vient en Provence avec son fils Louis II un enfant, qu'elle présente pathétiquement aux mères provençales... Et l'émotion gagne le pays en faveur de ce jeune roi. Femme de tête et de main, Marie de Blois en profite pour dissocier rapidement l'Union des cités provençales. Aix lui résiste. Georges de Marles, son sénéchal, vient l'assiéger ; la ville capitule. Et il ne reste plus que Nice, à tenir encore, avec les vigueries de la montagne, pour le fils de Duras, un enfant, lui aussi : Ladislas, qui, vit à Gaëte avec sa mère, Marguerite.

Et c'est pourquoi, au début de 1388, Georges de Marles passe le Var, assiège Nice et en ravage le terroir. Les Niçois, vivement pressés, envoient bientôt une députation à Ladislas pour lui demander du secours ; c'est alors qu'impuissant à leur venir en aide, le jeune prince leur aurait permis de se choisir un autre suzerain.

En réalité, rien n'est moins certain que cette réponse de Ladislas. Ce qui est établi, c'est qu'au moment où les députés niçards étaient à Gaëte, le gouverneur de Nice, Jean de Grimaldi, trahissait, le prince Ladislas, dont il tenait son autorité il envoyait clandestinement son frère à la cour de Chambéry pour y traiter d'un pacte par lequel il s'engageait à livrer au comte de Savoie Amédée VII, dit le comte Rouge, Nice et les terres placées sous son gouvernement, moyennant une somme d'argent et la garantie de nombreux fiefs.

On n'a jamais su au juste quelle réponse verbale les envoyés de Nice rapportèrent au gouverneur, Jean de Grimaldi. Ce qui est sûr, c'est que celui-ci fit croire aux Niçois que, ne pouvant les secourir, Ladislas les déliait du serment de fidélité et les autorisait à faire appel à un prince étranger.

Cependant, le comte Rouge passait les monts et arrivait bientôt à l'abbaye de Saint-Pons, près de Nice.

Grimaldi, après avoir fait le simulacre de consulter les habitants, amena à Saint-Pons quatre d'entre eux qui signèrent *l'acte de dédition* par lequel les Niçois se mettaient sous la sauvegarde du comte de Savoie. Mais il était si peu question de se séparer de la Provence, qu'ils limitaient nettement la durée du pacte à trois ans, au bout desquels le comte de Provence Ladislas rentrerait dans tous ses droits, en remboursant au comte Rouge les dépenses de la guerre.

On voit qu'il ne s'est nullement agi, comme le croyait M. Ratazzi, et comme l'enseignent peut-être les manuels scolaires en Italie, d'un vœu spontané des populations, portées vers le, Savoyard par une irrésistible sympathie, une « instinctive affinité »... (Quelle différence avec le vote unanime de 1860, et comme Cavour avait raison de la souligner !)

Tel est le véritable aspect de l'affaire en appelant Amédée VII, les Niçois n'entendent point se séparer de la Provence. C'est au contraire pour rester Provençaux qu'ils « demandent un protecteur temporaire qui les défende contre le duc d'Anjou, considéré par eux comme l'usurpateur, l'ennemi de la Provence.

Le pacte fut donc signé, le 13 septembre 1388, pour trois ans. Il a duré cinq siècles, souvent et vainement dénoncé par les comtes de Provence et leurs successeurs, les rois de France.

Il faut bien reconnaître, d'ailleurs, qu'au point de vue de leur vie municipale et de leurs libertés locales, Nice et les vigueries n'eurent pas à se plaindre des princes de Savoie : que leur cour se tînt à Chambéry ou à Turin, ces princes (comtes, puis ducs, puis rois) furent toujours, pour les Niçois, des souverains bienveillants et, surtout, absents et lointains, séparés d'eux par des montagnes que l'hiver rendait presque infranchissables.

En sorte que Nice et les vigueries continuèrent à jouir d'une grande autonomie et *se* gouvernèrent à peu près librement, formant ainsi, parmi les États de là couronne de

Savoie, un pays à part, qui, jusqu'au XVIIe siècle, tint à honneur de se dire en toutes circonstances, la *Terre Neuve*, en Provence, dont la ville de Nice était le *Cap*, la tête, le chef et qui comprenait les quatre vigueries de Nice, Sospel, Puget-Théniers, Barcelonnette.

***

On ne voit nulle part que l'acte de 1388 ait changé quoi que ce soit dans la vie du pays, tant publique, on peut dire, que privée : le suzerain devient Amédée VII de Savoie, prince français, au lieu d'être Louis II d'Anjou, prince également français, mais la mutation ne touche pas aux franchises, au gouvernement intérieur, qui sont les préoccupations capitales des Niçois. Elle va, au contraire, fortifier à la longue ces libertés municipales, par suite de l'éloignement et de la bienveillance ordinaire du prince, favoriser une sorte d'autonomie politique à laquelle les Niçois s'attacheront passionnément.

Cette mutation, d'autre part, ne modifie guère les rapports entre les deux rives du Var. Il y a toujours, de l'une à l'autre, pénétration intime, échange naturel d'hommes et de choses. On pourrait le montrer par des faits nombreux.

Disons seulement que les coutumes, costumes, plats nationaux, dictons, chants populaires, rondes de mai, soupers et bûche de Noël *(Cacha-fuec),* pastorales, Noëls en dialecte se retrouvent à Nice comme en Provence, avec leurs nuances locales. Et, chose curieuse, au xviie siècle, on chante les Noëls de l'Avignonnais Saboly à Nice presque autant qu'à Avignon.

Jusqu'à la fin du xviᵉ siècle, on ne voit nulle part que les Niçois se distinguent ou veuillent se distinguer des autres Provençaux.

Dans son *Traité d'arithmétique et de géométrie,* en provençal (1492), « noble François Pellos » se dit fièrement « citoyen de Nice » qui est *Cap de Terre-Neuve, en Provence, comté renommé dans tout l'Univers.*

En 1562, Jean Fulconis publie, lui aussi, un traité d'arithmétique, en provençal ; il le dédie *Nicoenis studiosis et provencialibus adolescentibus* et déclare que, né à Lieusola *(Isola,* dans le haut Comté) et habitant Nice, il écrit son traité « en langage courant de Nice et Provence, car ce langage, dit-il, tant au petit qu'au grand, est plus commode pour apprendre la théorique que tous autres parlers latin, grec, allemand, italien, voire français.

Dans ce traité, les exemples montrent, à toutes les pages, que les relations régulières de Nice se font avec Grasse, Toulon, Marseille ; et que c'est à Arles qu'elle va « comprar de gran », acheter du grain.

Lorsqu'au XVIIᵉ et xVIIIᵉ siècles, le duc de Savoie s'allie aux Impériaux et fait la guerre au roi de France, Nice, qui se trouve sur le chemin des batailles, se recroqueville dans sa carapace municipale, ferme ses portes le plus qu'elle peut aux troupes des deux partis qui, d'ailleurs, ravagent également son terroir. Elle est sans doute loyale à son prince, auprès duquel les grandes familles du Comté ont des charges ou des commandements, mais il ne semble pas que la bourgeoisie et le menu peuple tiennent au duc beaucoup plus qu'au roi. Les témoignages du temps nous montrent les

Français presque toujours bien accueillis à Nice quand ils viennent occuper la ville.

En 1707, par exemple, lorsque après avoir échoué devant Toulon, les Impériaux et, avec eux, le duc de Savoie, repassent le Var, saccagent les environs de Nice et regagnent le Piémont, non seulement Nice leur ferme ses portes, mais elle fait mettre en joue des cavaliers qui voulaient en forcer une, et qui décampent à ce geste.

Un bourgeois de Nice nous dit, dans son journal conservé à Turin, que, dès que les Impériaux furent partis, « Messieurs les Consuls se rendirent à Antibes pour aviser les Français qu'ils pouvaient venir. Le soir de leur arrivée, on illumina les fenêtres ». Les jours suivants, on chanta un *Te Deum* à Sainte-Réparate ; le commandant français reçut à sa table l'aristocratie niçoise ; des fontaines de vin coulèrent sur la place du Palais et le peuple cria : Vive le Roi !..

Sans doute, on peut dire qu'il y avait, dans ces manifestations, le désir de se rendre favorable un vainqueur ; mais le bourgeois qui nous les conte et qui est pourtant, un chaud partisan des princes de Savoie, nous donne l'impression très nette que le peuple s'y livrait de bon cœur et en toute franchise.

Jusqu'au traité d'Utrecht, d'ailleurs, au cours des six années que dura l'occupation, on ne voit pas qu'il y ait eu jamais d'incident ni de mésentente entre la population et la garnison française.

On pourrait multiplier les exemples.

Mais il est un fait, sur lequel je ne crois pas qu'on ait suffisamment insisté, et qui, à mon sens, montre avec évidence que le Comté suivit toujours moralement le sort de la Provence et n'eut jamais aucun penchant à l'italianité.

Au xvie siècle, imposé dans les actes publics par l'ordonnance de Villers-Cotterets, le français tend à s'introduire progressivement dans les provinces méridionales du royaume. Il y devient peu à peu, pour la noblesse et la bourgeoisie, la langue de distinction et de culture, « la langue des dimanches ».

À peu près à la même époque, les princes de Savoie ayant adopté la langue italienne, on voit, à partir de 1580, que les délibérations de Nice sont rédigées en italien.

Il semble donc, par similitude, que ce soit l'italien qui doive y devenir progressivement, pour les nobles et les bourgeois, la langue de culture et de distinction, Pas du tout : *c'est le français !..*

Tant il est vrai que tout sépare Nice des pays italiens les montagnes, les coutumes, le jeu des échanges, le dialecte, l'histoire en profondeur : tout au contraire, la maintient unie à la Provence : l'étroite parenté des dialectes, les usages, les costumes, les liens de famille ; une frontière conventionnelle et amusante qu'on passe à gué, aux portes de la ville, pour aller « gogailler », la nuit, à Saint-Laurent-du-Var, et qui, au nord de Roquestéron, devient purement imaginaire.

En sorte, qu'étrangère, politiquement à la France qui n'a sur elle aucune autorité, Nice continue à vivre si profondément de la vie intime de la Provence, qu'elle la suit avec fidélité, même pour l'adoption d'une « langue des dimanches » et que, ce n'est pas l'italien officiel de ses princes qu'elle choisit, mais le français du roi.

Tellement, qu'à part ceux qui doivent l'étudier pour les besoins de leur charge ou de leur négoce, personne ne saura jamais l'italien à Nice. Comme le dit excellemment, Cavour, les Niçois parleront toujours provençal ou français. Et lorsque, en 1823, l'historien niçois Durante voudra publier une histoire de Nice, dédiée à ses concitoyens, il devra l'écrire en français, parce que ceux-ci ne comprennent pas l'italien.

Cette pénétration du français comme langue de culture et de distinction a ses répercussions sur les dialectes locaux par les barbarismes qu'elle introduit dans leur usage courant. Ce phénomène s'observe aussi bien à Nice que dans le reste du Midi ; et on peut même dire que les barbarismes français sont bien plus nombreux, dans le *niçard* courant de la ville, que dans les parlers d'Avignon ou de Toulouse. C'est paradoxal mais c'est ainsi ; et on n'a pas encore vu clairement pourquoi. Par contre les italianismes sont extrêmement rares dans le niçard, ainsi que nous le verrons plus loin[1].

***

Venons maintenant à ce langage du peuple dont Cavour a dit qu'il est la marque la plus forte de sa nationalité. On ne s'attend pas, bien entendu, à le trouver uniforme d'un bout à l'autre du pays niçois. Il varie de lieu à lieu comme font les parlers populaires, dans tous les pays du monde. Mais on peut affirmer que, de Saint-Etienne-de-Tinée à Nice, de Tende et de la Brigue à Puget-Théniers et à Guillaumes, il est *partout, nettement, incontestablement provençal*.

Qu'entendons-nous par là ?

Il est indispensable de le préciser si on veut éviter les confusions qui ont généralement obscurci ce débat.

Nous dirons, avec la plupart des linguistes, qu'un *parler* local ou *dialecte populaire* (nous emploierons indifféremment ces deux termes) est *provençal* quand il fait partie de cet ensemble de parlers, de cette « masse linguistique » que Mistral, avec son génial bon sens, appelait « la » langue *naturelle d'oc,* et qui règne sur le midi de la France et la Catalogne. Vaste maquis de dialectes, garrigue embaumée et touffue qui ne fut sérieusement rompue et cultivée qu'au moyen âge et de nos jours, pour offrir au monde ces deux parterres de fleurs merveilleuses la langue littéraire des troubadours et le *Vulgaire illustre* mistralien.

Comment reconnaît-on que deux *parlers locaux,* deux *dialectes* populaires font partie de la même *masse linguistique,* de la même *langue naturelle* ? À cette question, les linguistes répondent :

« Malgré les différences dialectales, qui distinguent normalement et fatalement entre eux les parlers populaires d'un pays, il y a unité de langue quand les hommes qui emploient ces différents parlers, bien que ne se comprenant pas toujours sur certains points de détail, professionnels, régionaux ou locaux peuvent échanger leur pensée sur les points familiers et d'intérêt commun ».

Si l'on s'en tient à cette définition ; il ne peut y avoir *aucun* doute sur la « langue naturelle » de Nice : tous les Français des pays d'oc, qui savent convenablement leur dialecte local, comprennent sans difficulté « sur les points familiers et d'intérêt commun » les habitants de toutes les parties du Comté de Nice, et ils se font comprendre d'eux, chacun parlant dans son propre dialecte.

Au-delà, passé San Remo et Valdieri, c'est, comme a dit Cavour, « un changement de scène » ; ils ne comprennent plus et ne sont plus compris.

Mettez un paysan de Sospel, aux extrêmes limites du Comté de Nice, avec des paysans d'Avignon, d'Agen, d'Aurillac, de Périgueux, aux extrémités opposées de la terre d'oc, ils se comprendront facilement en dialecte. Mettez-le avec un paysan de Savone, là, tout près de Sospel, ils ne pourront s'entendre dans leurs dialectes respectifs.

Et, puisque j'ai pris pour exemple Sospel, qu'il me soit permis d'ajouter ce fait personnel : me trouvant récemment dans les environs de cette bourgade, avec de vieux montagnards du pays qui savaient à peine le français, nous avons, plus d'une heure, traité ensemble de nos affaires sans difficulté, parlant, eux, leur dialecte sospellois, moi, le vulgaire illustre mistralien. Deux amis parisiens qui m'avaient accompagné me félicitèrent de connaître si bien un langage qu'ils prenaient froidement pour... de l'italien ! Et ils tombèrent des nues quand je leur confessai que c'était de l'italien d'Arles.

Tel est le fait *de langue*, et, selon le mot de Cavour, « il tombe sous le sens ». Telle est la preuve essentielle et indiscutable de la *provençalité* des parlers niçois et de leur *non-italianité*. Cette preuve suffit ; et pas plus que le grand ministre piémontais « je ne pense qu'il faille recourir ici à des arguments philosophiques ou à des recherches scientifiques ». Cependant, si j'interroge les savants, linguistes et philologues, leur témoignage est unanime.

Je rappellerai seulement celui de Diez dans son *Introduction à la grammaire des langues romanes* (traduite par Gaston Paris), celui du professeur italien Angelo de Gubernatis (rapporté par Mistral), celui, enfin, du savant provençaliste Camille Chabaneau qui écrivait : « Que l'idiome de Nice soit une variété du provençal et non un dialecte italien, cela ne fait pour moi aucun doute, et, j'ajoute, n'en peut faire aucun pour toute personne un peu versée dans l'étude comparative des langues romanes, à qui l'on fera lire, une page de ce qu'on a écrit dans cet idiome, si défiguré qu'il puisse être par l'orthographe italienne ».

Cette *provençalité* des parlers niçois s'affirme partout et à toutes les époques, aussi bien dans les documents écrits que dans les noms de famille et dans les noms de lieux. J'ai fait, en 1903, un relevé détaillé de ces derniers, et ai pu dresser un vocabulaire qui est identique à celui, qu'on pourrait établir partout dans le Midi et en Catalogne. Ce vocabulaire déborde la crête des Alpes vers Coni et recouvre toutes les vallées vaudoises. On a eu beau orthographier certains de ces noms à l'italienne ; leur provençalité évidente éclate sous le masque.

Les documents écrits, abondent. Sans remonter à l'époque des troubadours, les temps modernes nous font voir les Niçois écrivant régulièrement en provençal jusqu'au xviie siècle. Je rappelle seulement les deux traités de mathématiques, déjà cités, de Pellos : (1492) et de Fulconis (1562), ainsi que la chronique de Jean Badat (1516-1567). Au xixe siècle, les poètes patoisants ne manquent pas à Nice ; et le meilleur d'entre eux, Rosalinde Rancher, bien qu'il orthographie à l'italienne, reconnaît fort nettement sa langue pour un dialecte de la famille provençale ; il correspond même à ce sujet avec le pré-félibre Diouloufet d'Aix.

***

D'ailleurs, sans être versé dans l'étude comparative des langues romanes et, pour peu qu'on ait quelque teinte du provençal et de l'italien, on aperçoit du premier coup, les signes les plus évidents de la provençalité des parlers du Comté de Nice. En voici quelques-uns :

a) Le mécanisme des conjugaisons des verbes est le même dans les parlers de Nice, que dans les autres parlers d'oc ;

b) La vocalisation des dentales placées en latin après *a* et e, que l'on constate à Nice : *Patrem-paire, petrem-pèira*, est un caractère commun à tous les parlers de la langue d'oc : il est étranger aux Italiens *padre, pietra.*

c) Les terminaisons *aire, èire : pescaire*, pêcheur, *bevèire*, buveur ; ces formes, issues du cas sujet (*piscator*) et qui règnent à Nice sont particulières à, la langue d'oc, laquelle admet aussi les formes venant du cas régime *pescadou* (piscatorem) alors que l'italien ne connaît que ces dernières : *pescatore.*

d) La transformation en ch (prononcé ts, tsi, tch, tchi) des groupes intervocaux *ct, pt : Noctem-nuech ; fructam-frucha ; scriptam-escricha*, est commune à tous les parlers d'oc, sauf les gascons ; elle est de règle à Nice.

Le traitement italien est tout différent : *notte, frutta, scritta* ;

e) *Qu* et *gu* latins conservent leur élément semi-vocal dans les parlers génois et piémontais ; ils le perdent dans ceux du pays niçois, comme dans les dialectes d'oc et d'oui.

À Nice, on prononce *guerra, quatre* comme en français *guerre, quatre* ; et non comme en italien *gouerra, kouatro*.

f) La vocalisation en chi, *ghi*, bi, *pi, fi de cl, gl, bl, pl, fl*, caractéristique des parlers italiens est inconnue à Nice. On y dit, comme dans le reste de la Provence : *clar* et non *chiaro, glas* et non *ghiaccio*, *blanc* et non *bianco*, *plan* et non *piano*, *flour* et non *fiore* ;

g) Les parlers niçois ont toujours l'*é* fermé provençal où les piémontais ont *eis* : *piemountés* et non : *piemounteis* ;

h) Les formes du pluriel à Nice sont identiques aux provençales *la dona* fait *las donas* dans le haut-Comté (comme dans les Hautes-Alpes, le Vivarais, l'Auvergne, le Languedoc) ; *li dona* à Nice (comme à Avignon), *lou paire* fait *lous paires* dans le haut Comté, *lu paire* à Nice. En italien : *la dona- le donne, il padre-i padri* ;

i) La jonction des pronoms personnels au verbe est purement provençale à Nice :

Se mira, nous mira, au lieu des formes italiennes *mirarsi, mirarci* ;

j) Le traitement provençal des désinences latines (tout à fait caractéristique) : anicus, a, um, enicus, inicus, onicus, en *argue* (arga), *ergue, ourgue*, se retrouve à Nice : *mounargue, piemenargue, coundinargue, camarga* (noms de lieux), *mourgue* (moine), *mourga* (nonne), *canourgue* (chanoine), etc...

***

Il semblerait logique à première vue, et il est très commode d'accepter, sans examen sur place, et dans la bonne quiétude de son cabinet, que, limitrophes des parlers italiens et séparés des parlers d'oui par une centaine de lieues, les parlers provençaux-niçards aient été plus influencés par l'italien que par le français.

Or c'est le contraire qui s'est produit : les barbarismes français abondent à Nice, je l'ai dit ; les apports italiens y sont à peu près inexistants.

Oh ! je sais bien que cette déclaration va choquer une foule de braves gens ; et je les entends qui me disent :

— Voyons, vous n'y pensez pas ! Ce serait une anomalie il est contraire au plus élémentaire bon sens que le voisinage ainsi : que l'action italienne officielle ; durant plus de deux siècles n'aient pas farci vos parlers d'italianismes ! Comment expliqueriez-vous le contraire ?

À quoi je réponds :

— Il ne s'agit pas de bon sens, même élémentaire, et je n'explique rien. Je constate des faits positifs. On me parle de nombreux italianismes. Je demande qu'on me les montre. Pour moi je n'en vois qu'un d'à peu près certain, et qui se limite, d'ailleurs, à Nice et à ses environs immédiats ; la montagne ayant gardé, sur ce point, la forme provençale ordinaire. Je veux parler de :

a) La négation impérative au singulier. À Nice on dit : *Noun veni !* (Ne viens pas !) comme en italien *Non venire !* La forme provençale ordinaire emprunte le subjonctif : *Vèngues pas !* (comme dans la montagne niçarde) ;

b) Quant à supposer, comme on le fait, que le niçard a gardé la finale féminine a (la dona) par suite de l'influence italienne, c'est vouloir ignorer que cette finale en *a* est celle de l'ancien provençal écrit, qu'elle est restée *a* dans un grand nombre de parlers provençaux, ainsi qu'à Montpellier, en Limousin ; que, d'ailleurs, le *o* que lui a préféré Mistral se prononce entre *a* et *o* et que les premiers félibres ont hésité avant d'écrire *o* plutôt que *a* ;

c) De même, on croit volontiers que c'est par influence italienne qu'on dit à Nice *lou mièu* au lieu de *moun* (comme en italien *il mio*) ; *lou mièu capèu*, au lieu de *moun capeu*. Ce n'est pas évident : le vieux provençal usait indifféremment des deux formes (*E voill saber, lo mieus bel amic gent*, comtesse de Die), et le provençal moderne emploie aussi *lou mièu*, quoique moins souvent que *moun* : *lou miéu paire* et *lou paire mièu*, à côté de *moun paire* ;

d) Certains mots gardent l'accent tonique sur l'antépénultième, comme en italien : *mounegue* a l'accent sur *ou*, à Nice ; il l'a sur *ne*, outre-Var. Mais le vieux provençal l'a eu à un moment donné, de toute nécessité, sur *ou*. Il n'est pas indispensable de faire intervenir ici l'influence italienne ; il s'agit plus probablement d'une survivance provençale ;

e) Quant au vocabulaire, les apports italiens y sont extrêmement peu nombreux : *capi* pour *comprendre*, *piha* pour *prendre* (piha existant d'ailleurs en provençal dans le sens de piller), mais on dit aussi dans le comté comme en Provence, d'outre-Var : *comprendre* et *coumprene* ; *prendre* et *prene* (*s'en pren mieja dougena*. Chanson populaire niçoise).

Et c'est à peu près tout ; c'est-à-dire rien qui puisse modifier la constitution de l'idiome, en altérer le génie purement provençal.

***

Je ne pense pas qu'on trouve encore personne pour soutenir sérieusement que le niçard soit un dialecte italien ; mais on répugne parfois à reconnaître qu'il est nettement provençal. Se fondant sur des traits dialectaux qui le différencient des parlers voisins d'outre-Var, mais se retrouvent *tous*, — à part les deux ou trois italianismes que j'ai signalés — dans d'autres parlers de la langue d'oc, parfois très éloignés de Nice, certains Niçois, qui ignorent sans doute ces autres parlers, voient, dans ces traits, des particularités niçardes, et en concluent de bonne foi que le niçard est une langue à part, intermédiaire entre le provençal et l'italien.

C'est une chimère linguistique qu'il est facile de dissiper et qui témoigne, je crois, d'un état d'esprit venant de loin.

L'isolement politique des Niçois pendant plusieurs siècles a développé en effet chez eux un particularisme dont, pour ma part, je goûte fort la fière saveur, mais qui ne peut que se diminuer en allant contre les faits.

Comme tous les peuples jaloux de leur autonomie, les Niçois aimèrent d'autant mieux leur prince qu'il était absent et lointain. Lorsque le duc de Savoie devint l'ennemi du roi de France, ils comprirent bien qu'ils pouvaient être un des enjeux de la querelle. Ils se seraient accommodés à la rigueur de passer sous la domination du roi qui tenait sa cour au loin, à Versailles ; mais ils ne voulaient pas entendre parler d'être réunis à la Provence et placés sous l'autorité de son gouverneur, là tout *proche.* Ils entendaient venir à la France comme une province à part, avec un gouverneur à eux. Le traité qu'ils proposent au maréchal de Catinat, en 1691, ne laisse aucun doute à cet égard.

Un tel état d'esprit, tout à fait légitime et respectable, se retrouverait-il aujourd'hui chez quelques-uns de leurs descendants quand ils semblent redouter de reconnaître que leur idiome est incontestablement provençal, et qu'ils veulent en faire une langue à part ?.. Une langue à part ?.. On ne précise pas ce qu'on veut dire : le sait-on bien ?

Sur quels territoires régnerait cette langue ? Les parlers du pays niçois diffèrent d'un lieu à l'autre, parfois beaucoup. Dans le haut-Comté, ils sont restés archaïques ; sur le littoral, ils se sont modernisés : tous ces parlers forment-ils, ensemble, une « masse linguistique », une « langue naturelle » à part, distincte de la langue naturelle d'oc ? Telle est la seule question qui puisse se poser ; et la réponse est nettement négative.

Pour qu'il y eût langue à part, il faudrait que les formes actuelles de cette langue, — tant les archaïques, dans le haut-Comté, que les plus récentes, sur le littoral, — fussent différentes des formes provençales archaïques et récentes. *Or elles sont identiques.*

Et non seulement nous les constatons identiques aujourd'hui mais encore dans le temps : les documents écrits nous font voir, en effet, qu'elles ont passé des archaïques aux modernes, en suivant, au long des siècles, des transformations identiques, aussi bien dans le Comté de Nice que dans les autres pays d'oc.

Nous ne pouvons entrer ici dans le détail technique, mais il suffit de très peu d'attention pour apercevoir, dans leurs traits caractéristiques, les identités dont nous parlons, et il n'est peut-être pas inutile d'y insister un peu.

D'une manière générale, les parlers de la Provence du Nord, du Languedoc à l'ouest de Lunel, de l'Auvergne, du Limousin ont moins changé que les autres, ont mieux gardé les formes de l'ancien provençal. Ainsi, dans ces régions, *lou paire* (le père) fait en général au pluriel *lous paires, la plana,* (la plaine) *las planas,* comme en vieux provençal.

Vers le littoral et le bas-Rhône les formes se sont beaucoup plus usées, les articles ont changé, les *s* du pluriel sont tombés : *lou paire* fait *lei* et *li paire ; la plana, li plana.*

Cette différence frappante existe pareillement en pays niçois. Dans le haut Comté, on dit : *lou paire, lous paires ; la plana, las* planas ; à Nice, lou *paire, lu paire ; la plana, li plana.*

D'ailleurs, toutes les particularités qui s'attachent au destin de la langue d'oc se retrouvent fidèlement à Nice. Ainsi, dans la zone la plus septentrionale des pays de langue d'oc, on sait que *c* et *g* latins devant *a* sont devenus *ch* (ts, tsi, tch, tchi) et *j* (ds, dsi, dj, dji) et qu'on dit *la chabra* (la chèvre), lou *jal* (le coq) ; alors que, plus au sud, on dit *la cabra, lou gal.*

Or la frontière qui sépare les deux zones coupe en deux le pays niçois comme le reste de la terre d'oc dans le haut Comté on dit la *chabra, lou jal* ; dans le bas : *la cabra, lou gal.*

Alors ? que devient la conception d'une langue à part, spéciale au Comté de Nice, quand ces simples constatations — et on pourrait en faire d'autres — nous montrent que les parlers des hautes vallées du Comté ressemblent beaucoup plus à ceux des Hautes-Alpes, du Vivarais, du Languedoc qu'à ceux des environs immédiats de Nice ?

J'ai pu même, en 1903, constater sur place, et en tous détails, que le parler d'un hameau de Saint-Martin d'Entraunes (sur le haut-Var) ressemble d'une manière étonnante au montpelliérain. À part quelques traits alpins *(cha-*

bra au lieu de *cabra* ; *puau* au lieu de *puada)* qui ne changent d'ailleurs nullement la physionomie d'ensemble du dialecte, le rapprochement est extraordinaire. Même les pluriels à *s* redoublés qu'on ne rencontre plus guère qu'en Languedoc se retrouvent à Saint-Martin ; on y dit *lou bras,* pluriel *lous brasses,* comme à Montpellier et à Béziers.

Comment se fait-il que, d'un type vieux-provençal à peu près uniforme, dont les documents portent témoignage aussi bien dans le Comté que dans toute la terre d'oc, les parlers populaires se soient plus ou moins transformés selon des règles et des circonstances dont beaucoup nous échappent ?

Comment expliquer que les différents stades de ces transformations ne soient pas toujours d'autant plus semblables que les parlers sont plus voisins ; que, par exemple, le parler actuel de Saint-Martin-d'Entraunes ressemble à celui de Montpellier beaucoup plus qu'à celui de Nice ; et qu'on parle à Châtillon-en-Diois à peu près comme à Brantôme-en-Périgord ?..

Ce sont des problèmes qu'on n'a pas encore résolus ; et qu'on ne résoudra peut-être jamais totalement ; et nous devons nous borner à constater des faits. Celui qui nous intéresse ici est évident : les stades de transformation des parlers du Comté sont identiques à ceux qu'on relève, dans le Languedoc et les Hautes-Alpes, pour le haut-Comté ; vers le bas-Rhône et le littoral, pour les environs de Nice. Et tous ces parlers du Comté de Nice se sont transformés suivant les lois générales de l'évolution des parlers d'oc, sans qu'aucune caractéristique spécialement niçoise ait eu à intervenir.

Il n'y a donc pas, pour le Comté, une masse « linguistique », une « langue naturelle » à part, distincte de la langue naturelle d'oc. Il y a, comme dans toute la terre d'oc, des parlers locaux, d'aire plus ou moins étendue, et qui ont chacun leurs particularités.

On oppose vaguement *niçard à provençal* : quel niçard ? quel provençal ?.. Est-ce le provençal *parlé* de Grasse ou de Marseille, ou d'Arles, ou de Nîmes, (ils ont chacun leurs façons d'être), ou bien la langue *écrite* mistralienne ? On ne le dit pas ; on ne le sait peut-être pas bien.

Le fait brutal est que le niçard de Nice diffère moins du toulonnais (en Provence) que du parler de Saint-Sauveur-de-Tinée (dans le Comté) ; et beaucoup moins, d'ailleurs, que le toulonnais ne diffère lui-même de l'arlésien...

Reconnaître ce fait évident : les parlers du Comté de Nice sont de la grande famille provençale, n'est pas attenter à l'autonomie morale de Nice ni à son originalité nationale, c'est au contraire les renforcer l'une et l'autre.

Car on voit bien tout ce que les Niçards niçardants perdent en boudant aux études provençales : non seulement ils sortent ainsi de leur vraie tradition qui est celle des Pellos et des Fulconis, mais ils se condamnent à mal savoir ce qu'ils aiment le mieux : loin de nuire, en effet, au culte des particularités locales et régionales, la méthode mistralienne développe, au contraire, ce culte ; elle apporte — et *apporte seule,* — les moyens de mieux connaître, de mieux aimer ces particularités. Seule, cette méthode comparative, illustre et éprouvée, peut enseigner profondément les Niçois sur leurs propres dialectes, leurs coutumes, leurs chants populaires, leurs dictons, leurs légendes...

On se demandera peut-être pourquoi j'insiste sur cette chimère, fort inoffensive, à première vue, d'une langue niçoise à part. C'est qu'elle se propage dans le public qui n'y entend goutte, que les Français et les étrangers l'accueillent trop souvent comme parole d'évangile, et que d'autres pourraient en tirer parti pour contester cette incontestable *provençalité* du pays de Nice qui est sa marque la plus forte de province française, ainsi que l'a bien vu Cavour.

***

De tout ce qui précède il résulte qu'en luttant au cours des siècles pour ses libertés régionales, sous la bannière de l'aigle alpin trônant sur les trois pics, Nice est restée la dernière des républiques autonomes de l'ancienne Provence ; qu'elle fut toujours, qu'elle est encore la *Nice de Provence,* dont parlait Cavour toujours et encore le *Cap,* la tête de la *Terre Neuve,* en Provence. Elle est un pays d'oc authentique au même titre que Marseille, Agen, Périgueux.

Non, *Nice n'est pas italienne.* Cavour l'a solennellement affirmé. Et on peut ajouter *qu'elle ne l'a jamais été.* Nous avons montré qu'elle demeura toujours profondément provençale par la langue, les coutumes, les échanges. Il ne faut pas oublier non plus que, durant les siècles qu'elle resta séparée politiquement de la Provence, l'Italie politique moderne n'existait pas et que, du jour où, celle-ci étant fondée, Nice a voulu se choisir une patrie politique, elle s'est élancée dans les bras de la France.

(1) Dans la *Nemaïda* de R. Rancher (1823), qui est pourtant d'une langue si vive et si pittoresque, on découvre un grand nombre de barbarismes français *aussitôt, mouien* (orthographié : *mojen), pouvoir* (orthographié *pouvoar),* voilà, *randevou* (pour rendez-vous) *quoique* (orthographié : *quaque), cependant* (orth. *sepandan),* mouchoir (orth. moucioar), *la fuita, la suita, santé, amitié, éloigna* (orth. *eloagna,* pour éloigner) : *tan an tan* (pour de temps en temps).